NOTICE BIOGRAPHIQUE

SUR

JOSEPH-PROSPER RENAUX,

D'ALAIS.

PROSPER RENAUX

ARCHITECTE GÉOLOGUE

NOTICE BIOGRAPHIQUE

SUR

JOSEPH-PROSPER RENAUX,

D'ALAIS,

Architecte du département de Vaucluse,
Membre de la Société française des Monuments historiques,
Correspondant du Ministre de l'Intérieur pour
la conservation de ces monuments,
Membre de la Société géologique de France, etc.

PAR E.-J. PÉRÈS.

Meminisse juvat.

ALAIS,

IMPRIMERIE DE VEUVE VEIRUN, LIBRAIRE, GRAND'RUE.

1853.

NOTICE BIOGRAPHIQUE

SUR

JOSEPH-PROSPER RENAUX.

JOSEPH-PROSPER RENAUX est né à Alais, à Rochebelle, à l'extrémité de l'un des faubourgs de la ville auquel ce lieu a prêté son nom, de François Renaux et d'Éléonore Pérès. Le père était originaire de Roubaix, en Flandre, département du Nord. Il était venu à Alais, le 2 mai 1783, prendre la direction des houillères dont la famille de Tubœuf avait la concession, et, plus tard, il contribua puissamment à faire étendre progressivement cette concession qui embrassa finalement presque toutes les exploitations existant aujourd'hui dans l'arrondissement d'Alais.

François Renaux avait eu, dès sa jeunesse, une vocation très-prononcée pour la science minéralogique dont il inspira le goût à ses enfants, et nous verrons comment ces inspirations du père se sont traduites, chez son fils Prosper, en une véritable passion pour la géologie. Né en 1752, François Renaux avait assisté, à l'âge de dix-neuf ans, à l'ouverture du cours de chimie que M. Sage avait fondé à Paris, le 2 décembre 1771. Il avait mérité l'estime et l'amitié de Chaptal, et, lorsque ce savant chimiste devint l'un des ministres du grand homme à qui les destinées de la France étaient alors confiées, François Renaux put servir utilement les desseins des concessionnaires qui lui avaient confié leurs intérêts, car l'une de ses principales qualités était le dévoûment. Presque au sortir du cours de M. Sage, François Renaux passa à la direction de l'exploitation des mines d'argent de Pont-Péoû, en Bretagne (1774), puis à la direction de celles de Saint-Sauveur, près Valleraugues, Gard (1776), puis à Saint-Bés, dans les Vosges, puis à Chézi, près de Lyon.

Retourné à Paris, il en vint, avec l'expérience que ses travaux minéralogiques lui avaient acquise, prendre la direction des houillères d'Alais.

C'est là qu'il fit connaissance avec Éléonore Pérès, qu'il épousa le 17 mars 1793. De cette union sont issus Joseph-Prosper Renaux et un second fils, Jules Renaux, dont j'aurai occasion de parler, car les deux frères sont restés inséparables durant leur vie, comme ces jumeaux dont l'antiquité nous a conservé la touchante histoire. Jamais enfants n'ont offert une preuve plus frappante de cette transmission que l'on remarque involontairement, comme malgré soi, mais qu'on remarque parce qu'elle éveille une vive curiosité d'en découvrir la cause, de cette transmission, dis-je, des qualités physiques, des qualités morales, des qualités intellectuelles des parents à leur descendance. Ces similitudes franchissent quelquefois l'intervalle d'une génération et se manifestent entre l'aïeul et le petit-fils aussi prononcées qu'entre le père et l'enfant. Je ne puis me défendre d'en faire la remarque ici. Chez les frères Renaux on reconnaissait cette haute stature, cette forte complexion, ce ton blond du visage et de la chevelure qui distinguent les hommes de race germanique et qui étaient si prononcés chez François Renaux. Le type germanique du père s'était reproduit chez les deux enfants. Tous deux aussi ont possédé cette bonté, cette loyauté, ce naturel expansif, communicatif, qui sont les traits principaux du caractère flamand; mais ils se distinguaient l'un de l'autre par des traits particuliers que l'aîné parait avoir empruntés à la mère commune. Prosper avait plus d'animation que Jules; il avait l'esprit plus vif, l'imagination plus chaude. Quand Jules se laissait aller à la méditation calme et grave du septentrional, Prosper suivait toujours la veine rapide de l'esprit méridional : tous ceux qui ont connu Prosper savent combien ses récits étaient animés, imagés, intarissables.

Ce trait particulier du caractère de Prosper, il le devait à sa mère. Éléonore Pérès était née dans le Midi de la France, dans une ville distante d'Alais de treize kilomètres, à Anduze. Son père, atteint dans son existence sociale par les rénovations de 89, était mort du pressentiment des malheurs qui ne tardèrent pas, en effet, à fondre sur la France. A son décès, arrivé en 1791, sa famille se dispersa. Éléonore suivit son frère puîné à Alais où celui-ci vint s'attacher au barreau et où il se distingua plus tard en qualité d'avocat.

C'est à cette date néfaste de 93, le 17 mars, qu'elle s'unit à François Renaux. Leur premier-né fut baptisé clandestinement dans une pièce du château de Rochebelle, appropriée en chapelle, où célébrait l'office divin un cordelier proscrit, l'abbé Villat, dont François Renaux a dérobé la tête à la hache révolutionnaire.

C'est à Rochebelle, à Alais, que Prosper Renaux grandit, élevé par une mère vive, animée, aimante, expansive, qui lui forma ce caractère sociable, ce goût pour l'élégance que nous lui avons connus, sous les inspirations d'un père passionné pour la minéralogie.

Pour bien apprécier le caractère d'une personne, il le faut prendre à son origine. C'est dans ce but que je vais rechercher l'explication de celui de Prosper Renaux et la raison de sa vie chez les auteurs de ses jours et dans les circonstances où il est né.

Il put, dès ses premières années, étudier la minéralogie dans le cabinet que son père s'était formé dans ses voyages en Allemagne et dans les contrées de la France riches en productions minérales. Mais cette initiation à la connaissance de la nature ne fut pour Prosper Renaux qu'un appel à l'étude d'une science bien autrement grande, bien autrement attrayante pour tout esprit hardi, que ne l'est la minéralogie.

Dès que Prosper Renaux fut en âge de recevoir l'éducation universitaire, son père obtint pour lui une bourse et le fit entrer au lycée de Nimes en octobre 1804. Il y fut inscrit des premiers, sous le n° 37. J'ai sous les yeux des notes écrites de sa main où il a retracé les souvenirs de ses premières, de ses jeunes années, si chers à l'homme mûr, plus chers encore à la vieillesse. J'y trouve les noms des élèves qu'il y rencontra, dont il devint le compagnon d'étude. Je les citerai, car ces lycéens, devenus hommes, se sont distingués dans différentes carrières. C'est M. Vigier, que nous avons vu occuper le premier rang au barreau de la Cour d'appel de Nimes et, plus tard, appelé à la première présidence de la Cour de Montpellier; M. Béchard, avocat à la Cour de cassation, député, publiciste distingué par d'estimables écrits; M. Champié, président à Orange; M. Paradès de Daunant, député; M. Delmas, ingénieur militaire; M. d'Olivier, officier du génie; et un Alaisien, M. Mazaudier, ingénieur en chef de la marine.

Combien tous ces souvenirs étaient chers au cœur de Prosper Renaux, lui qui poussait l'amour de son pays jusqu'au fanatisme! Tous ses compatriotes le savent, comme il les accueillait lorsque, établi dans le Comtat Venaissin, il avait le bonheur de serrer la main, sur les bords du Rhône, à une personne née sur les bords du Gard.

Prosper Renaux sortit du lycée six ans et demi après y être entré, le 25 mars 1811. Sa vocation s'y était prononcée, son caractère s'y était formé: toutes ses aspirations étaient tournées vers les beaux-arts. Déjà ses essais dans le maniement du crayon montraient quel usage il en saurait faire quand il se serait rompu à la pratique du dessin. Il avait connu Sigalon à Nimes, il avait profité de ses leçons.

Mais son père n'était pas riche; Prosper Renaux ne pouvait pas prétendre à suivre lès allures d'un amateur. Le père dut penser à procurer à son fils une carrière fructueuse. Il le fit entrer dans les ponts et chaussées. Prosper commença à travailler dans cette partie en qualité de conducteur, sous M. Teissier. Vint ensuite à Alais M. Grulet, en 1812, l'un des premiers élèves sorti de l'École polytechnique.

Sous ce chef, Prosper Renaux fit, en 1813, les études pour une rectification projetée de la route d'Alais à la Voulte; puis, durant cette même année et la suivante, il dirigea la construction du pont de l'Hérault, entre le Vigan et Valleraugues.

S'il avait continué d'être encouragé par un chef aimé, estimable, aussi généralement estimé que l'était M. Grulet, si bon, si bienveillant pour la jeunesse, pour tout le monde, Prosper Renaux serait resté peut-être dans cette partie.

Mais l'arrivée à Alais d'un ingénieur acariâtre et dur le dégoûta de ce service; il le répudia le 4 septembre 1819.

Cependant il avait fait connaître sa capacité; la ville d'Alais l'avait appelé à diriger ses travaux, le 22 juillet 1818. Ils étaient importants. Le Gardon, dont le lit s'était successivement exhaussé avec les déblais des exploitations industrielles et agricoles établies sur la partie montueuse de son cours, menaçait la ville : il la fallait défendre de ses incursions. C'est alors que fut construit, sur le plan de Prosper Renaux, le quai du Nord, et que fut bordée des beaux ormes que nous y voyons, cette promenade, l'un des plus beaux ornements de notre ville. Envisagée à l'extérieur, sous l'aspect septentrional, la quadruple rangée des grands arbres qui la longent dessine à la vue comme un magnifique soubassement au château-fort et, du dessous des arcades majestueuses que forment leurs branches entrecroisées, le spectateur en se promenant peut, à la faveur des cintres latéraux, jouir du tableau changeant de la verte pelouse des Prés-Saint-Jean, des gracieuses collines qui les bordent, ou, au travers du sol onduleux du Val-Galgue (1), étendre ses regards jusqu'aux crêtes lointaines des Cévennes.

La ville d'Alais avait aussi besoin que sa voirie fût améliorée. Percées dans ces temps où les habitants des plaines devaient aviser à leur sûreté plutôt qu'à leur commodité, les rues du vieil Alais ressemblent assez à des chemins couverts hérissés de redans, nullement à des voies ouvertes à la circulation des voitures. Il fallait dresser un plan de rectification de cette voirie intérieure si défectueuse. La nouvelle ville avait donné l'exemple de

(1) *Vallis gallica*, Vallée gauloise, suivant les uns, ou, suivant les autres, Vallée du Lévrier, de l'espagnol : *Valle del Galgo*.

constructions régulières élevées sur des rues droites et larges ; il fallait que l'ancienne le suivit : Prosper Renaux traça le plan demandé par l'administration municipale.

Mais sa vocation n'était pas satisfaite : il lui fallait un champ plus large pour la suivre ; l'occasion s'en présenta bientôt.

Il s'était marié le 22 août 1818 avec Mlle Salagé, fille d'un notaire d'Alais. Ce fut l'union d'un des plus beaux jeunes hommes avec la plus belle des filles d'Alais. On se souvient encore de l'admiration que causait ce beau couple à son passage dans les rues, sur les places de la ville.

Prosper Renaux s'était d'ailleurs fait remarquer par son goût pour les beaux arts, pour les arts d'agrément aussi. Son frère et lui étaient les coryphées de cette vive et pétulante jeunesse de l'époque. Lorsqu'il s'agissait d'organiser une fête, un divertissement, c'est Prosper Renaux qui en composait le programme, c'est Prosper Renaux qui traçait les dessins des mascarades, qui décidait de la composition des concerts. Alors, plus qu'aujourd'hui, la jeunesse d'Alais se distinguait par son goût pour la musique. Il nous reste des contemporains de cette époque qui ont survécu, tristes mais remarquables débris de cette brillante génération. Plusieurs fois on a vu des chœurs de ces musiciens se montrer sur le théâtre pour y chanter l'hymne de l'époque, pour y déclamer la pièce lyrique qui avait cours alors, pour interprêter les sentiments publics. Je ne sais si c'est la tristesse de la vieillesse qui m'illusionne, et qui, involontairement, sans motifs, me ferait préférer le passé au présent, mais il me semble que la jeunesse actuelle n'a pas, à Alais, le même goût pour la musique qu'avait à un degré si vif la génération à laquelle appartenait Prosper Renaux. Peut être a-t-elle gagné en gravité, en science, ce qu'elle a de moins en amabilité : en ce cas, ce serait une balance à tenir pour décider de quel côté est l'avantage; mais, quoi qu'il en fût, peut-être regretterait-on cette dégénérescence du goût pour la musique, de cet auxiliaire si puissant de la civilisation. Aucun progrès moral ne peut s'accomplir sans cet art.

Prosper Renaux n'avait encore eu que l'un des deux enfants qu'il a laissés lui survivant, lorsqu'il forma la résolution de se transporter dans le département de Vaucluse. Ses premiers-nés étaient morts; il n'avait qu'une fille et il avait perdu son père, le 19 avril 1824, âgé de 72 ans. Son frère était entré dans le commerce à Lyon. Sa mère et sa gracieuse femme lui restaient, mais hélas! il devait bientôt perdre celle de ces deux personnes chéries à laquelle les lois de la nature assuraient encore de longs jours. Dans le département de Vaucluse, la place d'architecte était devenue vacante : il le sut, et il forma à l'instant la résolution de s'y transporter.

L'examen qu'il soutint pour obtenir cette place lui fut avantageux; il eut sa nomination le 16 avril 1825, et il alla s'établir à Avignon, la ville où les

Papes se sont consolés d'avoir, pendant un temps, perdu le séjour de la belle Italie; la capitale de ce pays que deux fleuves fécondent des riches humus qu'ils vont enlever dans les lointaines montagnes des Alpes et qu'une fontaine merveilleuse rafraîchit de ses eaux limpides :

Ove Sorga e Druenza mischian l'onde,

comme le dit le poète qui en a fait aussi son pays de prédilection, qui l'a illustré de son amour et de ses vers. Cette patrie adoptive de Pétrarque, la nature et l'art l'ont enrichie, ornée, embellie à l'envi l'un de l'autre.

Qui n'a admiré, de la porte de l'Oule, ce large ruban du grand fleuve se déroulant vers le Sud après avoir réuni les deux bras dans lesquels il avait enlacé une si belle partie du territoire qu'il aime; se précipitant avec la rapidité de la flèche au travers de cette vaste plaine où il règne en souverain jusqu'à la mer, entre deux épaisses haies de hauts peupliers? Ces cîmes majestueuses et verdoyantes qui se mêlent dans la perspective avec les crêtes des montagnes où est assise Villeneuve et avec les créneaux des tours de cette antique ville celtique deux fois renouvelée, et avec les machicoulis des remparts cuivrés d'Avignon, et avec les profils bizarres du palais des Papes et de Notre-Dame-des-Doms, dentelant le pourtour tout entier de cette coupole d'azur si pur, inondée des feux du soleil; ces détails et l'ensemble de cette magnifique scène frapperaient d'admiration l'être le plus insensible.

Parcourez cette campagne contenue entre le Rhône, la Durance et les montagnes qui courent à l'Est : elle est couverte de prairies coupées en longs parallélogrammes qu'encadrent de doubles rangées de saules aux formes si gracieuses; une nappe de verdure continue s'étend partout où les eaux de la Sorgue et du Ventoux peuvent s'étendre; les routes sont bordées de canaux dans lesquels ces eaux cristallines coulent à pleins bords; des villes sont transformées, par le cours de la belle rivière, en îles perdues dans des massifs de verdure. Et la partie montueuse a aussi ses attraits: ici, au fond d'une étroite et profonde vallée dominée par des rochers arides, « c'est une oasis boisée, rafraîchie par les eaux d'une source où s'élève l'ancienne abbaye de Sénanque, avec son église romane presque aussi grande que celle de Vaison, avec son cloître parfaitement conservé, exécuté par les plus habiles ouvriers du onzième siècle. »

Là, dans une gorge, à Lourmarin, vous trouverez, en traversant le Luberon, au bord de la route, « une tour carrée, de peu d'étendue, mais très-élancée par rapport à sa largeur, terminée par un dallage à quatre pentes, et, sur chaque face, ouverte par des fenêtres cintrées, décorées de colonnettes. »

C'est la tour de Saint-Symphorien. Imaginez l'effet que doit produire à la vue « cette tour colorée par les siècles au milieu d'un paysage rocailleux et couvert de bois. »

Ces effets magiques de l'art et de la nature abondent dans cette heureuse contrée. Si vous vous dirigez vers la fontaine de Grozeau, vous rencontrerez « une chapelle du onzième siècle qui inspire le plus vif intérêt par les détails d'architecture et par le point de vue qu'elle offre, au milieu d'une riante vallée sillonnée par une multitude de sources et dominée d'un côté par la majestueuse montagne de Ventoux. »

« Des souvenirs historiques se rattachent à cette chapelle et à cette vallée, où les Papes venaient se délasser des fatigues du gouvernement de la chrétienté. » Mais si vous préférez les souvenirs des premiers temps du christianisme, dirigez vos pas vers l'antique cité d'Apt; vous verrez, au-dessous du sol de la cathédrale, un caveau qui contient les restes de sainte Anne. C'est là que la sainte a été ensevelie. Là aussi sont les ossuaires de saint Auspice et de saint Castor. Au fond du sanctuaire est une niche où le suaire de sainte Anne est précieusement conservé.

« Ce lieu a été visité par Anne d'Autriche en 1660, pour accomplir le vœu qu'elle avait formé de visiter les reliques de sa patronne. Elle communia dans la chapelle où elle laissa des marques éclatantes de sa munificence royale. Ce fut à cette occasion, et par les soins de l'évêque, que fut bâtie la nouvelle chapelle dont le célèbre Mansard fournit le dessin. »

Toutes les civilisations qui se sont établies dans cet heureux pays y ont laissé des traces de leurs succès. Les restes de la civilisation romaine y sont sans contredit les plus nombreux. Partout des arcs triomphaux, des cirques, des hippodromes, des thermes, des aqueducs de construction romaine. Le sol est parsemé de médailles des empereurs romains, de fragments d'armes, de tombeaux, de statues, de détails sculpturaux des antiques édifices. L'architecture du moyen-âge y a prodigué les édifices destinés au culte et à la vie cénobitique.

Dans un manuscrit de Prosper Renaux, dont je parlerai tantôt, et où j'ai puisé les citations précédentes, on trouve la description technique de toutes ces productions de l'art ancien, mais accompagnée de traits vivement sentis qui manifestent l'enthousiasme de l'artiste. Sous cette touche aussi légère que l'étaient les traits de son crayon, les objets se produisent au naturel avec leur coloris, leurs formes, avec tout l'éclat que leur prêtent les feux du Midi. Sous ces esquisses si simples et si vraies qu'a tracées la plume de Prosper Renaux, on croit voir « le château de la tour d'Aygues, que la reine Catherine de Médicis a honoré de sa présence, dominé par une énorme tour gothique se dressant au milieu de la cour d'honneur, attaquée, ouverte par une large brèche..... et les eaux de l'étang de la Bonde qui tombent en cascade dans les fossés et en vont arroser les vastes jardins. »

On jouit de la perspective de ce vaste monument assis sur une butte élevée qui domine la plaine de la Durance, à une lieue de Pertuis.

C'est le sol et le ciel de l'Italie avec toutes les merveilles des arts et de la nature. Vous ne trouverez pas, de l'autre côté des Alpes, une perspective plus large, plus brillante que celle qui, de la hauteur de Notre-Dame-des-Doms, s'offre à la vue dirigée du côté des Alpines, de la chaîne du Luberon et du haut cône du Ventoux, ces contemporains de l'Atlas d'Afrique et de l'Himalaya de l'Indoustan.

Qu'on imagine l'effet qu'un tel pays a dû produire sur l'âme d'un artiste, sur la nature d'une personne organisée comme l'était Prosper Renaux. Son esprit s'était exercé à goûter les beautés artistiques et naturelles, sa main à les retracer, à les analyser avec le crayon, et son cœur s'était habitué à battre de joie et de plaisir à l'aspect du beau. Ces sentiments faisaient épanouir les traits de son heureuse physionomie, si régulière, si douce, si animée par les éclairs du cœur. Son physique semblait s'être moulé sous les aspirations constantes de son âme vers le beau, le grand, le majestueux, le sublime.

Aussitôt qu'il eut comparé les richesses en antiquités du Comtat Venaissin, avec la pauvreté apparente du territoire d'Avignon en débris des vieilles civilisations, il s'écria que ces débris étaient enfouis sous le sol ou masqués par des constructions modernes. Cette capitale avait trop souvent tenté la cupidité des étrangers, elle avait été exposée à trop d'incursions pour que les créations des âges antécédents n'eussent pas été ruinées successivement par les générations subséquentes. Les travaux que Prosper Renaux eut à faire exécuter pour la reconstruction de l'hôtel de ville, de la salle de spectacle à Avignon, lui fournirent, en différents temps, l'occasion de vérifier ses doutes. Des fouilles auxquelles donna lieu la fondation de ces édifices, on exhuma en effet une foule de débris de l'antiquité romaine, des pièces de monnaie phocéennes; on rencontra les fondations d'un vaste édifice.

Sa coopération à l'examen critique des plans de restauration de l'édifice municipal valut à Prosper Renaux une médaille en or, de la part de la ville reconnaissante.

Il profitait de toutes les occasions que lui offraient l'exercice de ses fonctions publiques et la pratique de son art au service des particuliers pour découvrir les traces archéologiques des temps passés. Assurément, aucun des nombreux passants qui ont circulé depuis la rue Petite-Fusterie jusqu'à Saint-Agricol ne s'est douté, avant que Prosper Renaux ne l'eût signalée, de l'existence, en ces lieux, d'un cirque de construction romaine. Prosper-Renaux en a montré les arcades construites en gros blocs et il en a indiqué la direction. Toutes ses indications se sont vérifiées. Dans ces quartiers populeux, couverts de constructions précieuses, les fouilles seraient dispendieuses, conséquemment, elles sont impossibles. Aussi Prosper Renaux recommande-t-il de les faire sur la petite place de la Madeleine où il estime que l'ancien cirque s'étendait.

En effet, il était assez difficile de penser qu'Avignon n'eût pas été doté par les Romains d'un tel édifice, quand à Orange, ville moins importante, se trouvaient et cirque et théâtre.

La perspicacité de Prosper Renaux lui avait fait encore découvrir les vestiges bien certains d'un édifice consacré aux jeux publics sous le Palais des Papes, contre la Vice-Gérence. Quiconque en sera prévenu les y pourra voir, comme Prosper Renaux les y a vus, mais, sans ses indications, le passant n'y apercevrait rien.

Réellement Prosper Renaux avait le flair archéologique. Dans ses courses à l'extérieur d'Avignon, il a découvert, il a montré, en 1822, les vestiges d'un aqueduc romain sur la route de Carpentras. Le niveau de cet ouvrage hydraulique lui a fait penser que, par son moyen, les eaux de la Sorgue arrivaient jadis à la place de l'Hôtel-de-Ville, à Avignon.

On ne concevrait pas que le peuple-roi qui dotait ses colonies d'aqueducs en même temps que de théâtres, de cirques, de forums, de vastes places publiques, eût négligé de rendre ce service à celle d'Avignon, dans la proximité d'un cours d'eau tel que la Sorgue.

Près de Bollène, aux Barris, Prosper Renaux a montré des lambeaux de la grande voie romaine qui conduisait de Marseille à Vienne. Chose étonnante! cette route a été macadamisée comme le sont les nôtres. Tant il est vrai qu'il n'y a rien de nouveau sous le soleil! Mais cette construction à la Mac-Adam a été si bien exécutée qu'elle subsiste encore malgré les siècles.

Je n'en finirais pas si j'entreprenais de signaler toutes les découvertes archéologiques qu'a faites Prosper Renaux dans ce beau pays de Provence, dans cette province par excellence des Romains dont la prédilection lui a valu, par antonomase, son nom moderne. J'ai sous les yeux le manuscrit, dont j'ai déjà parlé, de Prosper Renaux, que le fils, M. Charles Renaux, a découvert naguère dans les papiers de son père, et qu'il a le regret de n'avoir pas pu communiquer à l'honorable baron d'Hombre-Firmas, lorsque celui-ci retraçait quelques souvenirs d'un ami dont, avec tant d'autres, il déplore la perte.

Cet écrit fort curieux, catalogue complet des richesses archéologiques et architecturales du Comtat Venaissin, et quelques autres documents qu'a rencontrés M. Charles Renaux dans le triage qu'il a fait des papiers de son père, me permettent de préciser des souvenirs et de fixer des dates, de compléter l'histoire d'une vie si distinguée par le culte des arts et de la science géologique. Un tel avantage et le désir de donner satisfaction à un sentiment de piété filiale m'excuseront sans doute d'avoir osé prendre la plume après l'honorable savant dont je viens de prononcer le nom.

Dans ce manuscrit, intitulé : *Rapport sur les Monuments antiques du département de Vaucluse*, nous voyons comment Prosper Renaux réussit à exhumer, à Carpentras, un arc de triomphe tout entier, qui, auparavant, était enfoui dans les constructions du palais épiscopal. En faisant restaurer l'église Saint-Siphrein, de cette ville, il découvrit toute la face orientale de l'antique édifice couverte de détails sculpturaux d'une parfaite conservation.

Tout le monde sait à Orange avec quelle habileté Prosper Renaux fit exécuter, en 1826, d'après les plans et dessins de M. Auguste Caristie, ces reprises hardies au magnifique arc triomphal de cette ville, et reconstruire le jambage occidental détruit par le temps. Ces ouvrages ont été faits avec la même pierre que les Romains avaient employée à la construction. L'ancienne carrière de calcaire coquillier fut rouverte à Saint-Paul-Trois-Châteaux. L'œuvre romaine fut reprise et le magnifique monument renaquit aux yeux étonnés de la postérité reconnaissante.

Aux critiques qui s'écriaient contre la différence des tons de l'ancienne construction avec la nouvelle, Prosper Renaux ne cessait de dire : attendez que notre soleil du Midi ait fait son œuvre.

Cet édifice ainsi restauré est destiné à être montré aux siècles futurs. C'est au travers de quelques ans, du moins, qu'il faut attendre de le voir. De même répondait aux critiques ce statuaire de l'antiquité, qui avait modelé à grands traits une statue destinée à être vue à une grande distance du sol, tandis que son concurrent avait sculpté la sienne comme si elle avait dû être vue montée sur un simple piedestal : attendez pour décider du mérite des deux œuvres, que l'une, après l'autre, ait été mise à la place qu'elle doit occuper. Et il triompha. Tandis que la sienne apparut avec de belles proportions, les traits de celle de son rival s'effacèrent écrasés par la perspective.

Ainsi se produit déjà l'ancien arc romain d'Orange, avec les traits de la jeunesse et l teinte de l'antiquité; œuvre antique qui semble être jaillie du sol où elle se serait abritée contre les injures du temps pour reparaître brillante aux yeux de la postérité. Prosper Renaux en fixe la date au deuxième siècle de notre ère : cet arc aurait donc plus de seize cents ans.

De tels succès donnaient de l'autorité aux avis de Prosper Renaux. Il réussit à se faire écouter quand il proposa d'exhumer le théâtre d'Orange. On lit dans le manuscrit que j'ai cité, qu'à la date de 1838, il avait été dépensé à ce travail, sous sa direction, en plusieurs fois, 110,000 francs. Mais ces sacrifices ont été fructueux. Un magnifique théâtre, le seul entier, le plus complet que possède la France, est sorti des langes dont la barbarie l'avait enveloppé; il nous montre comment les anciens mettaient en scène les productions de l'art dramatique. « La largeur de la scène n'a pas moins de 186 pieds. Elle était complétement revêtue de marbre précieux et de mosaïques en verre colorié ;

les murs de la scène étaient décorés de colonnes en marbre et de statues. Ce théâtre offre cette particularité fort remarquable, que la scène était couverte d'une immense toiture dont la construction exigeait des connaissances profondes en mécanique. »

C'est aussi à la persistance de Prosper Renaux que la ville de Cavaillon doit, comme celle de Carpentras, la restitution de son arc romain. D'après lui, ce serait une porte de l'antique ville des Cavares. Il fonde ce jugement sur la direction des remparts romains qu'il a fait démasquer, et auxquels cette porte s'incorporait.

Il a conclu l'existence, à Cavaillon, d'un cirque pareil à celui d'Arles, de ce que, dans des fouilles, se sont montrés d'énormes blocs de pierre perforés pour recevoir les mâts, les supports des tentes au moyen desquelles les spectateurs étaient garantis du soleil et des intempéries de l'air durant les spectacles.

Il a reconnu aussi l'existence, à Vaison, d'un théâtre et de thermes dont il retrace la construction dans l'écrit que j'ai cité.

Au temps où Prosper Renaux faisait toutes ces découvertes archéologiques, il avait été nommé Membre correspondant du Ministre de l'intérieur pour la conservation des monuments historiques : sa nomination date du 14 avril 1843. La manière distinguée dont il s'est acquitté de ces fonctions, lui a valu une médaille en bronze.

Le 15 juin 1842, il avait été nommé Membre

de la Société française des monuments historiques.

Il s'est servi de l'autorité que lui valaient ces titres pour relever de plus en plus le voile dont les siècles avaient recouvert la province bien-aimée des Romains, pour la faire réapparaître telle que l'avaient faite ces maîtres du monde.

La ville d'Arles sait avec quel zèle il a travaillé à faire déblayer l'antique théâtre qu'elle possède. Moins bien conservé que celui d'Orange, ses vestiges suffisent pour combler les lacunes que laissent subsister, dans les formes du second, quelques parties totalement détruites, et, par le rapprochement des deux, grâce à ces travaux archéologiques, on peut se former l'idée exacte d'un théâtre antique. C'est la réflexion que Prosper Renaux a consignée dans l'écrit que je ne cesse de citer.

C'est aussi à l'active opération de Prosper Renaux qu'est due la restauration du beau cirque que possède la ville d'Arles et de ce cloître de Sainte-Trophime qui fait l'admiration des connaisseurs.

On comprend combien de richesses archéologiques Prosper Renaux a dû recueillir dans les nombreuses fouilles qu'il a fait exécuter dans l'exercice de ses fonctions. A Apt, grâce à ses soins, on a pu découvrir des foyers à brûler les cadavres, des lacrymatoires, des tombes antiques, et faire, à Avignon, dans les déblais des fondations de l'hôtel de ville et de la salle de spectacle, une ample moisson d'objets précieux pour l'histoire des temps passés.

Avant lui, bien d'autres lambeaux de l'antiquité avaient été recueillis : la moisson était déjà grande. La possession de toutes ces richesses avait inspiré à un citoyen généreux la pensée de les conserver pour la postérité, de les faire servir à l'instruction des générations suivantes. Il y aurait eu lieu de s'étonner que, dans un pays aussi favorisé par les arts, il ne se fût pas trouvé des amis qui en eussent goûté et protégé les fruits. Généralement il est vrai, comme l'a dit le Tasse, que le caractère des habitants se façonne sur celui du pays :

> I campi dolci e lieti
> Simili à se gli abitatori fanno.

La belle collection de tableaux, d'antiques et de médailles léguée à la ville d'Avignon par son possesseur avec la fortune qui lui avait servi à la former, avait été magnifiquement logée dans l'hôtel de Villeneuve, sur la rue Calade. Là, ce vaste édifice, bâti entre cour et jardin, en forme de T, a été distribué en plusieurs galeries au rez-de-chaussée et au premier étage, de manière à mettre en relief non-seulement les restes de l'antiquité, mais les productions des arts et des sciences modernes.

On admire la belle galerie du premier étage, où sont rangés les tableaux. Prosper Renaux conseilla de l'éclairer par le comble. Son avis prévalut, et, grâce à cette disposition, les toiles des grands maîtres s'y montrent sous leur vrai jour. Les antiques, les médailles, des momies égyptiennes, les vases extraits des fouilles faites dans l'antique Etrurie, les armes, les parures des sauvages ont été distribués dans les galeries latérales avec le goût qui caractérisait notre artiste si curieux de tous ces objets.

Au rez-de-chaussée, a été emplacée la bibliothèque et sont disposés les lourds débris de l'antiquité, tels que les tombeaux, les statues. C'est dans ce temple des arts, que Prosper Renaux a fait abriter tous les objets extraits des fouilles qu'il a dirigées. On y voit aussi des traces de sa libéralité. Il se plaisait souvent à additionner à ces richesses publiques celles qui lui étaient personnelles.

Le musée Calvet est l'orgueil de la ville d'Avignon; des villes plus importantes le lui envient, et avec raison, car c'est un beau monument élevé aux arts et aux sciences.

Non loin de là, cet estimable naturaliste, dont les nombreux amis, dont les compatriotes déplorent la perte récente, Requien, qu'une étroite amitié unissait à Prosper Renaux depuis de longues années, dotait sa ville natale d'un jardin botanique et d'un magnifique herbier à la formation duquel il a consacré sa vie et sa fortune.

Heureuses les cités qui enfantent, qui accueillent bienveillamment des natures aussi généreuses!

Ce n'est pas seulement sa ville d'adoption, que Prosper Renaux gratifiait en retour du bon accueil qu'il y avait reçu, de la considération dont il y jouissait, de l'estime que les fonctionnaires publics daignaient lui témoigner, mais encore l'industrie locale, ces manufactures de matières colorantes dont le principe est contenu dans la plante qu'Althen exporta de la Perse dans le Comtat, au péril de ses jours. On sait que, pour extraire de la garance la matière colorante qu'elle renferme, il en faut soumettre la racine à la dessication, puis la broyer, la préparer par l'emploi de certains acides. Le contact du feu avec ces matières éminemment combustibles, entassées dans des séchoirs à la construction desquels le bois prenait une large part, donnait lieu à des conflagrations fréquentes qui, à chaque fois, causaient des pertes au moins de 50,000 francs et au plus de 200,000 francs. Dans cette large limite, combien de catastrophes ruineuses !

Prosper Renaux ne pouvait voir sans gémir cette grande industrie du Comtat périodiquement affligée par ce fléau de l'incendie : il imagina de substituer aux claies au travers desquelles le feu communiquait avec la garance, des voûtes en poterie, à jour, et, aux toitures en charpente, des toitures métalliques. Avec de telles précautions, qu'une étincelle produise un incendie, la garance soumise à l'épreuve est seule brûlée, mais l'incendie, concentré dans un milieu incombustible, est forcé de le respecter : il y meurt étouffé.

C'est aussi à Prosper Renaux que son pays d'adoption doit l'usage des voûtes en briques sarrazines. Ces briques creusées d'un canal rectangulaire, dans le sens de leur longueur, sur l'une des faces, présentent ainsi des crochets latéraux au moyen desquels elles s'agencent entre elles et forment un sol excessivement léger et d'une solidité à toute épreuve, car l'action de la gravité est balancée tout à la fois par la force de cohésion des briques liées entre elles par le ciment et par celle des arcs-boutants de leur poussée.

Prosper Renaux trouvait des ressources inépuisables dans son imagination si hardie, réglée néanmoins par une méthode sévère, et dans les fortes études qu'il avait faites au lycée de Nismes, qu'il continuait, qu'il poursuivait par une application continuelle aux pratiques de l'architecture.

La plupart des localités du Comtat possèdent des édifices publics que Prosper Renaux a fait exécuter et dont le dessin est dû à son crayon. Il le maniait avec une grâce charmante et une rapidité telle que l'œil avait peine à le suivre. De ces traits légers sortaient, avec une vérité frappante, les formes que son imagination enfantait ou que la nature présentait à ses yeux.

Le manuscrit dont j'ai parlé, que l'on peut considérer comme le tableau synoptique des édifices antiques répandus sur le sol du Comtat Venaissin, est accompagné d'esquisses de tous ces débris du temps passé, si précises, si vraies, qu'elles ne laissent rien à désirer à la vue.

On a vivement sollicité M. Renaux fils, de publier, par la voie de la typographie et de la lithographie, ces documents si précieux pour l'histoire de l'art et de la civilisation antiques. Espérons qu'il le fera. Il méritera ainsi la reconnaissance du monde artistique et savant.

Le crayon de Prosper Renaux s'est aussi employé à reproduire les traits des fossiles qu'il collectionnait, des coupes géologiques qu'il observait dans ses excursions. Je lis dans une lettre de M. Emilien Dumas, adressée de Sommières à M. Charles Renaux, que « Prosper Renaux avait « parcouru en détail, et pour ainsi dire pied à « pied, non-seulement le département de Vau- « cluse, mais encore une bonne partie des dépar- « tements voisins. Dans ces diverses excursions, il « avait recueilli un grand nombre de notes im- « portantes destinées à dresser la carte géologique « du département de Vaucluse qu'il avait l'inten- « tion de publier. Dessinant avec autant de facilité « que de goût, ses carnets de voyage sont remplis « non-seulement de dessins de fossiles, mais aussi « de coupes et de charmants croquis géologiques « qu'on ne cesse d'admirer. Tous ces documents « épars et les nombreuses collections qu'il a « laissées font vivement regretter que M. Renaux « n'ait pas eu le temps de publier le fruit de ses « nombreuses et intéressantes recherches. Lors « de la réunion extraordinaire de la Société géo- « logique de France, dont il était membre, et « qui eut lieu à Aix, en Provence, en 1842, dans « un compte-rendu de quelques pages, d'une

« course faite par cette réunion, à Rustrel et à « Gargas (Vaucluse), M. Renaux a montré com- « bien la géologie de son département lui était « familière, et ce rapport, plein de clarté, de « précision et de vues nouvelles sur la géologie de « cette contrée, intéressa vivement tous les audi- « teurs (1). »

C'est un juge fort compétent qui parle ainsi ; c'est l'auteur de la carte géologique du département du Gard.

Prosper Renaux avait été induit, dès son enfance, comme l'avait été son frère Jules, par le père commun, je l'ai déjà dit, à l'étude de la minéralogie. Je les ai vus l'un et l'autre, dans leur adolescence, parcourir toute la surface du Gard, y butiner des échantillons de minéraux et revenir, toujours chargés, comme des abeilles, des fruits de ces explorations. Bien des fois je les ai suivis, l'exemple était entraînant, allant avec cet estimable ingénieur des mines que l'arrondissement d'Alais a trop tôt perdu, M. Furgault, visiter les gisements de sulfure de plomb argentifère de Carnoulès, les gisements de lignites de Célas, de bitume de Servas et les roches de Rusquessan larmoyantes de pétrole.

Je ne saurais m'assurer si c'est à Jules ou à Prosper qu'est due la découverte du gisement de sulfate de baryte que nous possédons non loin

(1) *Bulletin de la Société géologique de France*, séance du 15 novembre 1842, t. XIII, p. 497.

d'Alais. M. le baron d'Hombres affirme que c'est à Prosper : sa mémoire doit être plus sûre que la mienne. Il me souvient de la joie avec laquelle l'heureux inventeur vint présenter à son père ce fragment de pierre blanche qu'il me semble voir encore, semblable par son facies à une lame de carbonate de chaux, mais striée, dans le sens de l'épaisseur, des points de la surface à une ligne médiane qui partageait la lame en deux moitiés, et annonçant, par sa pesanteur spécifique, la présence d'une substance métallique dans le tissu. Mais c'est Jules qui découvrit, à Durfort, le gisement inconnu des fluates de chaux; c'est lui qui fit connaître les fossiles de ce territoire.

Toutes les raretés minéralogiques, géologiques, paléontologiques du Gard étaient versées sur cette table ovale, au bout de laquelle François Renaux présidait, assis sur sa chaise à accotoirs demi-circulaires, avec sa large face si ouverte, si bienveillante, tout radieux des joies de ses enfants.

C'est Prosper Renaux qui offrit à l'un des préfets du Gard, M. Villiers du Terrage, je crois, dans un casier, la collection complète des minerais de ce département.

Mais il reconnut bientôt que le champ de la minéralogie n'était pas assez large pour satisfaire son goût pour l'étude de la nature. Dans ces derniers temps, je l'entendais parler de cette science avec un dédain qui contrastait avec l'enthousiasme que je lui avais vu manifester dans sa jeunesse. C'est qu'une autre science naturelle était venue y faire diversion, la géologie, que notre Elie de Beaumont a élevée au rang des sciences exactes. C'est Arago qui l'a dit ; c'est l'astronome, le physicien dont on connaît assez la rigueur scientifique : « Aujourd'hui, dit-il, la géologie a pris rang « parmi les sciences exactes. Le nombre des tra- « vaux partiels dont elle se compose est immense ; « les faits recueillis sont aussi nombreux que bien « observés et quelques-uns des résultats généraux « qu'on en a déduits méritent au plus haut degré « de fixer l'attention, car ils nous éclairent sur « l'état primitif du globe terrestre, et sur les « effroyables révolutions physiques qu'il a éprou- « vées à des époques éloignées, séparées par des « intervalles de tranquillité !... »

A l'époque où Arago écrivait ces lignes, Elie de Beaumont n'avait qu'esquissé sa théorie! Il n'avait pas montré comment les systèmes de montagnes dont notre globe est hérissé se rangent sur de grands cercles et comment ces grands cercles se coupent entre eux ; il n'avait pas tracé leur direction et reproduit le spectacle des redressements que subissait, dans les premiers temps, la croûte solidifiée du globe, par l'effet du refroidissement ou de la force élastique des substances gazeuses que développaient au centre et qu'y développent encore les éléments chimiques de notre planète, en état d'action et de réaction.

Dans l'état actuel de la géologie, se trouvent vérifiées les magnifiques conceptions géogéniques du savant Ampère. Sa théorie ainsi justifiée est la preuve scientifique de la vérité du récit de Moïse. La matière du globe terrestre est passée successivement de l'état gazeux, d'un état tel que celui où sont encore les nébuleuses qui flottent dans les espaces éthérés, à l'état fluide, à l'état liquide, à l'état solide où nous voyons l'atmosphère, les mers, la croûte de notre planète. Ces éléments immédiats se sont rangés à des distances de la périphérie au centre qui sont en raison inverse de leur capacité respective pour le calorique, par le seul effet du jeu des affinités entre les substances simples que nos chimistes nous montrent, qu'ils étalent, qu'ils font agir dans leurs laboratoires. Au centre sont restées les substances les plus capables de supporter, sans se dissoudre, cette énorme quantité de chaleur que développent de puissantes affinités chimiques, et, à la périphérie, se sont rangées les solides, les liquides, les fluides atmosphériques auxquels des proportions moins grandes de chaleur permettent de subsister dans l'état où nous les voyons.

La formation du globe terrestre est un phénomène dont la science pourrait aujourd'hui nous offrir le spectacle. Ce qui s'est passé il y a dix mille, cent mille ans, se passe encore dans quelque lieu que ce soit de l'immensité de l'espace, se passera encore partout dans la durée indéfinie du temps : dans les espaces éthérés comme dans le laboratoire du chimiste, dans le cabinet du physicien, aujourd'hui et toujours.

C'est d'après le même ensemble de lois que la

terre et que l'univers ont été créés et qu'ils se maintiennent tels que nous les voyons.

Magnifique simplicité de principe bien digne du Créateur! En Celui qui contient l'essence des choses devait se trouver aussi cette sublime intelligence dont la raison humaine n'est que l'humble reflet. Celui qui a été assez puissant pour tout faire de rien, Celui en qui réside la suprême puissance doit aussi contenir la souveraine logique; Celui-là doit universaliser les conséquences des principes de sa création.

Mais si la sublimité de la création ne peut être que l'œuvre d'un Dieu, il est bien glorieux pour l'humaine nature d'avoir été appelée à en concevoir le plan dans sa majestueuse simplicité.

On s'explique comment l'imagination ardente mais réglée de Prosper Renaux lui a inspiré l'amour d'une science telle que la géologie; on ne s'émerveille plus de ce que tant d'esprits distingués s'en passionnent, se partagent l'exploration du globe terrestre, la poursuivent avec une ardeur infatigable, recueillant les faits que le génie emploie pour composer d'aussi admirables théories. Gloire à eux! Rendons-leur de justes actions de grâces, car ils apportent un bien large tribut au fonds commun des sciences physiques auxquelles nous devons cette perspective du passé, cette prescience de l'avenir qui font de l'intelligence humaine la plus grande des merveilles de la création. Avec des sciences ainsi solidement constituées par l'observation, aboutissant à des principes certains, l'art humain est dans la voie de progrès incessants ; il peut continuellement employer au service des générations futures le fruit des labeurs des générations antécédentes.

Combien il avait raison, le grand homme qui gouvernait la France au temps où Prosper et Jules Renaux, où la jeunesse française se formait dans les lycées à la pratique de la vie, de faire distribuer à cette jeunesse les conceptions de la science qui nous font voir les choses telles qu'elles sont, de préférence à ces vaines formes de la littérature, qui permettent à tout le monde d'ignorer brillamment la réalité, et de concevoir, de préconiser le faux sous les apparences du vrai.

L'impression qu'ont faite sur moi les jeunes Renaux lorsqu'ils me venaient voir à Anduze, pendant leurs vacances, m'est toujours restée ; son souvenir me montre quelle direction ils suivaient dans leurs études et m'explique les succès que leur éducation leur a valus dans le monde. Je les voyais se plaire davantage à étudier les plantes qui croissent sur les bords du Gardon, à observer les formicaléons tendant leurs piéges aux fourmis au fond de leurs terriers coniques, qu'à chasser aux oiseaux dans les saussaies de Beau-Rivage. Evidemment, les professeurs des jeunes lycéens tournaient leur esprit vers l'étude de la nature et des sciences mathématiques. Ils les mettaient en la présence des objets, les leur faisaient dessiner ; ils leur faisaient manier, sous la forme de cartons, les figures polyédriques de la géométrie des solides : ils leur apprenaient à penser des choses et non des mots.

Aussi leur esprit est-il sorti de ces études, vigoureux, capable de les diriger avec rectitude dans leur carrière. Heureux celui qui parle parce qu'il pense, dont l'exercice intellectuel n'est pas une vaine gymnastique vocale !

Quand Jules Renaux a eu choisi sa carrière, il l'a parcourue avec le même succès que son frère. On l'a vu appliquer le gaz hydrogène à l'éclairage de la ville de Lyon, de celles de Saint-Etienne, de Montpellier, d'Avignon, etc. C'est lui qui, le premier, a eu l'idée de ces ponts en fer, articulés, dont on vient de faire un si heureux essai sur les bords du Rhône, entre Beaucaire et Tarascon, pour former un seul réseau des rails-ways du Gard et de ceux de Lyon à la Méditerranée. Ce beau viaduc consiste dans un système de cylindres de fer, creux, articulés au moyen d'une matière élastique à la manière dont les membres du corps humain le sont entre eux avec de la matière synoviale, de telle sorte que l'édifice est à l'abri des effets de la dilatation et de la contraction, si désastreux dans un climat aussi variable, aussi oscillant entre les extrêmes que l'est le nôtre.

Grâces à cette invention, sur un édifice aux proportions si légères qu'il se profile comme une ligne de parenthèses sur la nappe du Rhône, les plus lourds convois traversent avec sécurité le grand fleuve sans que le plancher qui les soutient au-dessus de l'abîme subisse la moindre flexion, et le voyageur entraîné comme par un ouragan au travers du Tygre français est étonné de se voir croiser avec la même rapidité par les pyroscaphes empanachés qui en suivent le fil. Et cette scène, dont de lointaines montagnes forment le fond, que décorent, sur le premier plan, les antiques châteaux de Beaucaire et de Tarascon, la flèche aérienne de Sainte-Marthe, telles fois inondés des feux d'un soleil couchant, disparait aux yeux à l'instant même de son apparition, aussi rapidement que le sillage d'un rayon de lumière tombé dans les épaisses ténébres d'un ciel nuageux. Admirables effets d'un art émulateur de la nature!

C'est aussi Jules Renaux qui a formé le projet, actuellement en voie d'exécution, de la jonction de Saint-Etienne avec la voie ferrée de la Capitale, en amont de Lyon, par un rail-way qui suivrait la vallée de l'Azergue.

Cette vivacité d'imagination que les deux frères tenaient de leur mère commune, était mieux réglée chez Prosper que chez Jules; avec l'apparence d'un caractère plus sérieux et plus réfléchi que son frère, celui-ci n'avait pas la même sagesse de conduite que celui-là. Jules eût élevé bien plus haut sa fortune, s'il eût pu se plier à la direction de Prosper.

C'est que Prosper avait constamment suivi les errements de la science. Nous l'avons vu maniant sans cesse l'échelle de proportion de l'architecte, le crayon de l'artiste, l'instrument du savant. Lorsqu'il eut terminé ses explorations archéologiques, il reprit et continua avec plus d'ardeur ses recherches géologiques et paléontologiques. Il a réussi à se former un cabinet que M. Emilien Dumas qualifie de magnifique, mais laissons parler le savant géologue :

« C'est à M. Renaux que l'on doit la connais-« sance de presque tous les beaux gisements des « débris organiques fossiles de Vaucluse. Ces « localités, aujourd'hui classiques, sont connues « de tous les géologues qui viennent parcourir le « département. Nous citerons entre autres, « Uchaux, Mondragon et Sommelongue près « Bollène, où il a recueilli ces nombreuses co-« quilles, remarquables par leur belle conserva-« tion, et qui sont un des plus beaux ornements de « sa magnifique collection. Les argiles de Gargas, « près d'Apt, ont aussi été visitées, pour la pre-« mière fois, par ce zélé explorateur; c'est dans « ce gîte qu'il a découvert plusieurs fossiles nou-« veaux et remarquables, entre autres l'*Ancy-« loceras Renauxianus*, le *Toxoceras Royerianus*, « le *Ptychoceras lævis* et les *Ammonites gargasensis* « *Martini*, *Nisus et Dufrenoyi*.

« C'est aussi à cet infatigable et patient géologue « que l'on doit la découverte de la belle localité de « fossiles néocomiens des environs d'Orgon, où il « trouva, dans un parfait état de conservation, « une coquille peu connue jusqu'alors et qui avait « reçu successivement plusieurs noms génériques, « vu l'ignorance où l'on était de ses véritables « caractères. Cette coquille, nommée d'abord

« *Caprine*, ensuite *Chama*, puis *Caprotina*, vient « enfin de recevoir le nom de *Requienia ammonia*. « M. Renaux trouva aussi, dans cette même localité « d'Orgon, plusieurs autres espèces appartenant « au même genre, ce sont : les *Requienia Cari-* « *nata*, *Trilobata*, *Lamellosa*, *Gryphoïdes*, *Varians*, « *Sulcata* et *Imbricata*. Il y rencontra aussi le « *Rynchonella Renauxiana*, la *Nerinea Archimedi* « et beaucoup d'autres espèces qu'il serait trop « long d'énumérer. »

Souvent on a vu ridiculiser, traiter de puérilité la minutieuse recherche à laquelle se livre l'amateur de paléontologie, de ces débris, en apparence insignifiants, des premières flores, des premières faunes de la création : insignifiants pour le vulgaire, bien intéressants, d'une valeur inestimable pour l'esprit supérieur capable d'en reconnaître la portée scientifique. C'est avec de tels débris que G. Cuvier a vérifié sur les phénomènes zoologiques des premiers temps du monde, les lois dont il avait constaté l'existence dans le présent, suivant lesquelles la vie se reproduit avec des formes appropriées aux espèces, inséparables de l'existence de celles-ci. Avec la même certitude avec laquelle l'architecte retrace le plan d'un édifice enfoui sous ses ruines, à la vue du tronçon de l'une des colonnes, notre grand naturaliste a retracé la physionomie des animaux antédiluviens avant que des squelettes tout entiers se fussent retrouvés. De tels succès méritent bien qu'on les prépare par des recherches, par l'investigation des faits zoologiques.

Un jour viendra où un génie de la même puissance que celui de Cuvier, réussira, au moyen des observations que nous voyons recueillir par nos savants paléontologues, avec cette patiente et obstinée persévérance qui les grandit, les élève bien haut aux yeux de leurs contemporains intelligents, un jour viendra, dis-je, où un tel génie réussira, en employant ces matériaux, à élever un magnifique édifice à la science : il tracera l'ensemble des lois que suit la vie dans la reproduction des espèces botaniques et zoologiques, et il présentera aux yeux de ses contemporains étonnés, le tableau des scènes de la vie passée, depuis la création, et de celles de l'avenir.

C'est bien à la faveur des moissons de ses prédécesseurs, de ses contemporains et des siennes, que le géologue dont nous prononçons le nom avec vénération nous a écrit la genèse de notre globe; il a fait l'histoire quand Buffon, trop hâtif, n'avait écrit que le roman.

Les monuments paléontologiques fournissent aux géologues des caractères plus certains, plus expressifs que ne le sont les minéralogiques, pour établir les rapports de formation entre les terrains et la contemporanéité des redressements, les âges de l'apparition des systèmes des montagnes à la surface de la terre. La paléontologie est l'auxiliaire le plus puissant de la géologie. Aussi le géologue fait-il le plus grand cas des faits que le paléontologue recueille. Prosper Renaux en a présenté un grand nombre et des plus significatifs. M. Dumas, dans sa lettre dont j'ai déjà extrait des fragments, atteste quel prix attachait M. Achille d'Orbigny aux communications que lui faisait Prosper Renaux. Ce paléontologue les a enregistrées dans le grand ouvrage auquel il travaille incessamment, la *Paléontologie française.*

« C'est grâces aux libérales communications de « M. Renaux que ce savant a été à même de créer « plusieurs genres nouveaux et de décrire un si « grand nombre d'espèces presque toutes nou- « velles et caractéristiques des terrains crétacés « du Midi. Pour s'en assurer, il suffit d'ouvrir le « bel ouvrage dont nous venons de parler; l'on y « verra le nom de Prosper Renaux cité, pour ainsi « dire, à chaque page. Si les couches fossilifères « d'Apt et d'Orgon sont aujourd'hui devenues « classiques, et sont connues de tous les géolo- « gues sous le nom d'*étage Aptien* et d'*étage Urgo-* « *nien*, c'est grâce d'abord aux recherches patientes « et assidues de M. Renaux, et ensuite à l'esprit « généralisateur de M. d'Orbigny qui, appréciant « l'ensemble de ces faunes, est venu les faire con- « naître au monde savant sous les noms que nous « venons d'indiquer.

« On n'en finirait pas si l'on voulait citer toutes « les localités de fossiles que M. Renaux a décou- « vertes dans le département de Vaucluse et où il « a recueilli tous les beaux échantillons qui font « de sa collection une des plus belles collections « paléontologiques du Midi de la France. Nous « citerons cependant encore la localité de *Sault* et

« des *Abeilles*, sur le versant méridional du mont « Ventoux, où il a trouvé de fort beaux fossiles. « C'est dans cette dernière localité qu'il a rencontré « le magnifique *Trochus* qu'il a décrit au Congrès « scientifique de Nimes, en 1844, sous le nom de « *Trochus mammillaris*. C'est près de la fontaine « de Vaucluse qu'il découvrit cette belle coquille « que M. d'Orbigny lui a dédiée sous le nom de « *Nerinea Renauxiana*. Cette espèce, qui n'a été « trouvée que dans cette localité, est remarquable « par sa grandeur et se distingue de toutes les « autres espèces du genre, par des loges placées « le long de la columelle et correspondantes à « chaque tour de spire. Enfin c'est aux environs de « Beaudouin, au pied du mont Ventoux, que cet « habile explorateur découvrit, il y a quelques « années, dans le grès vert inférieur, un grand os « de 0,93 mètres de longueur sur 0,75 mètres de « tour dans la partie moyenne. Les extrémités « articulaires de cet os ont fait penser à quel- « ques paléontologistes que c'était l'humerus d'un « énorme cétacé, tandis que d'autres le regardent « comme la clavicule d'un énorme saurien qui « devait avoir plus de trente mètres de lon- « gueur. »

M. le baron d'Hombres s'exprime dans les mêmes termes au sujet de ce bel échantillon paléontologique. Ce savant cite une foule d'autres échantillons dont Prosper Renaux a enrichi les collections.

Et M. le baron d'Hombres, comme M. Dumas,

comme tous les géologues, se loue de la libéralité avec laquelle Prosper Renaux communiquait à ses collègues de la Société géologique de France, à laquelle il avait été affilié le 1er septembre 1841, et, en général à tous les amateurs, les doubles des échantillons dont il se chargeait. Il allait, comme le dit M. le baron d'Hombres-Firmas, jusqu'à les faire mouler en plâtre pour pouvoir les répandre avec plus de profusion.

« Il était la bonté même, dit M. Dumas: dans « ses voyages, il ne pensait pas seulement à lui; « jaloux de faire des heureux, il arrivait toujours « chargé d'un grand nombre de doubles exem- « plaires dont il dotait, avec une générosité sans « exemple, tous ceux qui s'occupaient de géolo- « gie; mais, dans ces distributions de fossiles, la « collection de son ami Requien était toujours la « mieux partagée. »

Requien et Renaux c'étaient le Castor et le Pollux de la science. La communauté d'objet n'éveilla jamais entre eux ni jalousie ni aucun sentiment haineux.

De telles passions ne pouvaient pas entrer dans le cœur de Prosper Renaux. Chez lui les affections douces règnaient en souveraines, mais aussi elles inspiraient pour lui à autrui des sentiments correspondants; les amis qu'il avait eus dans l'enfance, il les avait encore dans l'âge mûr, dans la vieillesse, au dernier moment de son existence.

Jamais le vénérable baron d'Hombres-Firmas ne serait passé à Avignon sans aller voir son ami

Renaux et s'entretenir avec lui de cette science géologique qui les passionnait également. La différence des âges et des conditions, bien loin d'attiédir chez l'un les sentiments d'amitié qui l'unissaient à l'autre, les renforçait d'une autre affection assez semblable à celle du père pour son enfant. C'est que M. d'Hombres avait vu naître Prosper Renaux et s'était complu à soutenir ses premiers pas dans le monde : la reconnaissance que celui-ci en avait conçue lui attachait également l'autre comme à l'objet de son affection.

Les mêmes liens affectueux d'amitié unissaient Prosper Renaux aux compatriotes de son pays d'adoption. Aucun préfet, aucun évêque n'est venu séjourner dans Vaucluse qui n'ait honoré Prosper Renaux de son estime et de son affection.

Mais, à tous les cœurs bien nés que la patrie est chère! Les amis d'enfance de Prosper Renaux lui étaient particulièrement chers. Comme elle rayonnait de joie et de bonheur, cette douce et belle physionomie, quand un de ces anciens amis lui apparaissait venu des bords du Gard, sur les bords de la Sorgue!

L'amour du pays natal, chez Prosper Renaux, débordait et s'étendait des personnes aux choses. Aucun fruit de la Provence n'avait la même saveur, la même beauté ; aucun légume de ce crû ne valait ceux que produisait la campagne d'Alais. Il s'arrangeait pour entretenir un service d'échanges des fruits du pays d'adoption avec ceux du pays natal, à la manière dont il échangeait avec ses amis dans la science, les échantillons de géologie, de paléontologie, de minéralogie.

Hélas! son cœur aimant a été exposé à de bien cruelles épreuves. Des enfants qu'il avait eus à Alais de son union avec Mlle Salagé, un seul a pu le suivre dans le lieu de sa nouvelle résidence: sa fille, devenue Mme Constantin par le mariage qu'il lui fit contracter avec un riche négociant de Carpentras, belle et gracieuse comme sa mère, vive, animée, spirituelle comme son aïeule paternelle. Les autres lui sont morts, et bientôt, au temps des premières années de sa résidence à Avignon, sa belle et bonne femme lui a été ravie, après lui avoir donné un fils.

Malgré son dévouement maternel, malgré son activité, prodigieuse pour son âge, Mme Renaux se trouva insuffisante pour soigner l'intérieur domestique de son fils bien-aimé: deux enfants à élever, un ménage à diriger, c'était trop pour une personne si voisine du terme de sa carrière.

Dans ces circonstances, Prosper Renaux dut songer à se remarier. Il épousa Mlle Rostang, d'Orgon, que nous avons vue, en dernier lieu, avec attendrissement, que les enfants de son époux ont vue avec reconnaissance, prodiguer des soins si assidus à un ami, à un parent, à un père affecté de la plus cruelle des maladies. Mme Prosper Renaux s'est honorée par la manière dévouée dont elle a accompli ses devoirs d'épouse, je dirai même de mère, car elle était une mère pour les enfants de son mari.

Mais ces consolations n'ont jamais pu cicatriser la plaie qu'avaient faite au cœur de Prosper Renaux la perte prématurée de la mère de ses enfants, et celle de sa bonne, de son excellente mère à lui.

Quel trésor d'affection renfermait le cœur de cette excellente tante que j'ai aimée à l'égal d'une mère, pour laquelle je conserve un sentiment en tout semblable à celui de la piété filiale! Toutes les amies qu'elle a laissées à Alais, savent comment Mme Renaux la mère savait aimer. La mort en a déjà bien réduit le nombre, mais celles qu'elle a respectées rendraient témoignage à la vérité de ma parole.

Mme Renaux avait communiqué cette qualité du cœur à ses deux enfants. Impossible de trouver une personne aussi aimante que Jules Renaux, si ce n'était son frère. A Lyon, on sait avec quel abandon et quelle loyauté il traitait les affaires : son cœur l'inspirait même dans les transactions industrielles. Il a servi de père à plusieurs parents de sa famille paternelle qui lui doivent leur existence sociale. Il avait adopté son neveu. C'était un moment touchant que celui où, et il se reproduisait souvent, Prosper se plaignait de ce que Jules lui avait enlevé son fils; et l'enfant d'adoption a été souvent embarrassé dans la distribution entre son père adoptif et son père naturel des sentiments affectueux dont son cœur est plein. Charles! c'est la bonne et franche nature de son aïeul, sa loyauté, sa bonhommie; c'est la reproduction de son moral et de sa physionomie : il y a dans le petit-fils, dont l'existence a pris place à un temps postérieur à la cessation de celle de l'aïeul, la reproduction même des habitudes morales, qui se traduisent au physique par le port, le geste, la démarche.

Quiconque s'intéresserait à l'explication de cette mystérieuse transmission de qualités morales et intellectuelles, des qualités physiques et même des défauts qui s'opèrent des pères à leur descendance, en franchissant quelquefois l'intervalle d'une ou de plusieurs générations, trouverait dans toutes les familles matière à de pareilles remarques. Peut-être une suite d'observations bien faites et bien coordonnées éclairerait-elle en définitive l'humanité sur le secret de la constitution des individus et de l'espèce. Matérialistes! combien votre philosophie est fausse et aveugle! Elle vous empêche de voir que tous les phénomènes de la nature, ceux même de cette matière que vous divinisez, sont des manifestations variées de la substance spirituelle. La conception de la matière telle que vous la professez ne donnera jamais la raison de cette persistance et de la transmission des qualités et des défauts communs à une race, à une lignée, puisque les individus dont elle se compose ne subsistent que par une rénovation incessante de leurs éléments matériels. Votre faux principe n'explique pas mieux la persistance des qualités spécifiques chez les êtres inorganiques. Une substance, unique par sa nature spirituelle, mais variée à l'infini suivant la distinction des espèces et des individualités, peut seule expliquer la constance de ces admirables lois de la reproduction des êtres : Eléates! vous aviez raison.

L'énergie morale de la mère existait au plus haut degré chez le fils, Prosper Renaux. Il eut à l'exercer pendant les dernières années de son existence. En s'appuyant sur elle, il s'est soutenu dans de cruelles épreuves, celles d'une maladie physique qui l'entraîna au tombeau. La moëlle épinière était lésée, et, comme un grand arbre qui s'affaisse quand les canaux au moyen desquels il alimentait son être sont altérés, détruits, Prosper Renaux s'affaiblit, dépérit progressivement : le plus bel homme, le plus droit, se courba comme un cerceau, et, après avoir demandé inutilement un appui à ses membres et à sa canne, il dut restreindre son existence si active à l'immobilité d'une couche sans cesse troublée par des douleurs atroces.

C'est que l'organe des mouvements et de la sensibilité physique était profondément altéré par la maladie. La paralysie, par de terribles progrès, resserrait successivement la vie dans des limites de plus en plus étroites : les membres d'abord, puis différentes parties du buste, puis les organes digestifs furent amortis. Parmi les fonctions de relation la vue fut la première affectée; d'abord obscurcie, elle fut ensuite entièrement oblitérée. Mais le cœur, l'intelligence fonctionnèrent jusqu'au dernier moment. Cher ami! peu de temps avant que la mort ne t'atteignît, quand tu ne pouvais me voir, tu employais les moments lucides que te laissait la douleur à m'entretenir de tes études chéries; tu en parlais avec la même lucidité d'esprit, la même exactitude mnémonique, et ta parole était aussi vraie, aussi abondante, aussi précise qu'aux belles années de ta vie!...

Son âme, près de s'exhaler, faisait encore battre son cœur et éclairait son intelligence avec la même vivacité, elle jetait le même éclat qu'aux premiers temps de la jeunesse.

Mais quelle horrible situation que celle de l'être éminemment intelligent en proie à la plus cruelle des maladies et se voyant de plus en plus étreindre par les serres de la mort!....

Prosper Renaux a supporté cette terrible épreuve avec une constance stoïque; il a accueilli la mort avec la résignation, avec les sentiments du vrai chrétien; il a cessé d'exister le 11 août 1852, à neuf heures du soir.

Repose en paix, ombre chérie; les sentiments affectueux que tu as rencontrés partout, parce qu'ils débordaient de ton cœur sur tes semblables, t'ont accompagné jusqu'au tombeau et survivront à ton existence terrestre; ils survivront à la nôtre aussi!....

FIN.

Alais. — Imprimerie de Ve VEIRUN.

www.ingramcontent.com/pod-product-compliance
Lightning Source LLC
LaVergne TN
LVHW010102230826
846091LV00005B/2058

* 9 7 8 2 0 1 1 7 6 7 6 6 0 *